Die Reise durch den Sturm

Mert Simsek

Vorwort

Im Namen Allahs, des Barmherzigen, des liebenden
Erbarmers, treffen wir uns erneut in dieser Dunya.
Es gab einen Grund, weshalb du dich entschiedest,
dieses Buch zu kaufen. Ist dieser Grund ein schwacher
Iman?
Ein gebrochenes Herz? Oder doch nur das Streben nach
neuem Wissen?
Ich bin hier, um erneut meine Gedanken zu teilen.
Gedanken, die dir helfen sollen, um diesen Sturm zu
bewältigen.
Nachdem wir im ersten Buch realisiert hatten, dass wir
einer der Verlorenen dieser Dunya sind, haben wir nun
die nächste große Prüfung vor uns. Diese Prüfung nennt
sich, wie bereits der Titel lautet „Die Reise durch den
Sturm". Was mit dem Sturm gemeint ist und von
welcher Reise wir sprechen, wirst du in sha Allah im
Laufe des Buches erfahren. Doch bevor du diese Reise
beginnst, solltest du erst verstehen, was diese Dunya ist.
Solange du dies nicht weißt, wirst du in diesem Sturm
verloren gehen. Deshalb empfehle ich dir erst, das Buch
„Verloren in der Dunya" zu lesen und verstehen.

Hast du Fragen über das Buch oder über mich als
Person? Dann kontaktiere mich gerne:

TikTok: mert.smk
Instagram: mert.smk27

Ich bin offen für jede negative und positive Kritik. Zudem würde es mich sehr freuen, wenn du dieses Buch mit anderen teilst, sei es auf Social Media oder privat. Ich wäre dir sehr dankbar für diese Geste, denn das unterstützt mich und meine Arbeit. Außerdem erhalten wir beide dafür Hasanat.

Beginnen wir mit den Vorbereitungen dieser Reise. Halte meine Hand und höre mir genau zu. Auf dieser Reise, wirst du Menschen verlieren, deinen Ängsten gegenüberstehen und auf dich allein gestellt sein. So lasse jetzt meine Hand los und tauche in den Sturm ein.

Die Dunya

Sie ist also der Ort unserer Prüfung?
Ein Ort voller Schönheit und Frieden.
Wie in aller Welt sollte mich diese Dunya zum Scheitern
bringen?
Oder ist es nicht die Dunya an sich, sondern das, was
sich auf ihr befindet?

-Mert S.

Die Dunya ist ein schöner Ort. Ein Ort, der voller Frieden
und Liebe steckt, aber gleichzeitig ist sie auch ein Ort,
der Hass und Schmerz widerspiegelt. Was will ich damit
sagen?
Ich möchte dir damit zeigen, dass es wir Menschen sind,
die bestimmen, wie diese Welt aussieht.
Es ist nicht diese Dunya, die dir das Leben erschwert,
sondern, „das, was sich auf ihr befindet".
Wie gestaltest du dir deine Welt?

Möchtest du Freunde, die dir helfen oder doch lieber
Freunde, die dich ins Verderben stürzen?

Überlege und entscheide!

Das Hindernis für meinen Frieden

Ich habe nach Frieden gesucht und plötzlich war ich ganz
allein.
Wer hätte gedacht, dass Freunde jemals meinem
Frieden im Weg stehen würden?

-Mert S.

Wir haben Angst davor, alleine zu sein. Aber manchmal
ist dies das Beste für dich.
Keine Menschen, die dich vom rechten Weg abbringen.
Keine Menschen, die dir Sünden einflüstern.
Keine Menschen, die dich dem Höllenfeuer nähern.
Jedoch musst du rechtschaffene Freunde suchen, da das
Alleinsein gefährlich sein kann. Du bist ständig alleine
mit dem Shaytan und er wird dich auf abscheuliche
Gedanken bringen. Es kann sogar so weit gehen, dass du
die Lust am Leben verlierst und dich einsperrst. Die
Motivation für Allah zu leben verfliegt und somit
verfliegt der Weg ins Paradies.

Umgebe dich

Mit Menschen, die dein Iman stärken.
Umgebe dich mit Menschen, die dich in Allahs Namen
lieben.
Umgebe dich mit Menschen, die mit dir das Paradies
betreten wollen.

Umgebe dich mit den Gottesfürchtigen.

-Mert S.

Menschen, die dich zur Moschee rufen, dich an Gebete erinnern, dir Nasihas (Ratschläge) geben und hinter deinem Rücken dich loben, sind die Wahrhaften. Lasse niemals wegen einer Auseinandersetzung diese Menschen gehen. Sie sind ein Geschenk Allahs, die dich auf dem Weg Richtung Paradies begleiten.
Hast du vor kurzem so eine Person verloren? So schreibe ihr und entschuldige dich für deine Taten.
Verliert euch nicht einander.

Unbekannt, aber nicht fremd

Ich bin umgeben von unbekannten Gesichtern, doch sie sind mir nicht fremd.
Nicht fremd, da unsere Seelen nur ein Ziel haben.

Die Rückkehr zu unserem Schöpfer.

-Mert S.

Manchmal vergesse ich selbst, wie viele Seelen um mich herum das gleiche Ziel wie ich haben.
Ich vergesse, dass ich auf dieser Dunya nicht allein bin.
Somit bist du auch nicht allein auf deinem Weg nachhause.
Alleinsein ist gut, um sich weiterzuentwickeln, doch allein im Glauben ist riskant.
Du solltest lernen auch die Hilfe anderer Menschen anzunehmen.

Das Verschwinden ohne die Rückkehr

Viele Seelen werden dich auf dieser Dunya verlassen,
aber auch wieder zurückkommen.
Doch einige werden verschwinden und nie wieder
zurückkehren.

-Mert S.

Der Verlust von Menschen wird immer ein Teil von unserem Leben sein.

Ich selbst werde mich niemals an einen Verlust gewöhnen können. Egal wie sehr ich meine Gefühle unterdrücke, erwischt es mich spätestens nachts, wenn ich nicht schlafen kann.

Ich möchte dir zeigen, dass der Verlust von einem Menschen dich an die Vergänglichkeit erinnern sollte. Aber es gibt auch den emotionalen Verlust. Dich wird irgendwann die Liebe eines Menschen verlassen.

Anstatt zu trauern und in ein tiefes Loch zu fallen, werde stärker und nehme diese Erfahrung mit.

Jede Seele wird den Tod kosten

Noch schaust du auf die Gräber von verschiedenen
Seelen, doch irgendwann wirst du dort liegen.
Dir ist der Tod bewusst und dennoch zögerst du deinen
Pflichten nachzugehen.
Dein Körper ist vergänglich.
Du kannst nicht ewig wegrennen…

-Mert S.

Renne, soweit du kannst. Ignoriere so viel du kannst.
Vergesse so viel du kannst.
Aber du kannst nicht vor dem Tod wegrennen, ihn
ignorieren und nicht vergessen. Ist dies nicht Beweis
genug, um zu erkennen, dass du so nicht weiterleben
kannst? Willst du bis zu deinem Tod damit
weitermachen? Was dann? Hast du nicht überlegt, was
nach deinem Tod passieren wird?
Glaubst du wirklich, alles wird schwarz und es ist vorbei?
Wie kann diese Welt in so einem perfekten Abstand und
ein komplexes Wesen wie du nur aus Zufall entstanden
sein? Klingt es für dich nicht lächerlich, dass wir
Menschen aus Zufall entstanden sind? Haben die
Menschen so sehr Angst vor der Wahrheit?

Das Gespräch mit der Zeit

Die Zeiger der Uhr bewegen sich und somit sinkt meine
Lebenszeit.
Lebenszeit, die ich nutzen sollte, denn nur Er kennt
dessen Ende.
Meine Zeit wird irgendwann enden und somit werde ich
diesen Ort verlassen.
Was nehme ich mit?
Was ist mein Ziel?
Was, wenn ich noch nicht bereit bin?

Alles Fragen, die mich beschäftigen, während sich die
Zeiger der Uhr weiterdrehen…

-Mert S.

Lebenszeit ist begrenzt und dennoch nutzen wir sie
nicht. Wir nutzen sie lieber, um nach unseren Gelüsten
zu streben. Wir opfern mehr Zeit für harame Dinge als
für Allah.
Wir beten fünfmal am Tag und danach?
Was machen wir danach?
Setzen wir uns an den Quran oder hören wir doch lieber
Musik?
Warum beschäftigen wir uns mit dem Leben von
irgendwelchen Musikern und nicht mit dem unseres
Propheten (saw)?
Wir glauben, dass das Beten ausreicht, aber warum bist
du dir da so sicher? Wer gibt dir die Sicherheit, dass
deine Taten für das Paradies ausreichen?
Diese Sicherheit kommt nicht von Allah, sondern vom
Shaytan.

Loslassen, aber nicht fallen

Ich habe Angst davor, ohne dich zu leben.
Angst davor, allein zu sein.
Angst davor, Schmerzen zu erleiden.

Aber du bist der Grund, weshalb ich jede Nacht weine…

-Mert S.

Muss ich hierzu noch etwas sagen?
Du selbst solltest lernen, etwas loszulassen, welches dir schadet. Auch wenn dieses etwas dir viel bedeutet und dich in der Vergangenheit glücklich gemacht hat. Doch wie erwähnt, sind es Dinge aus der Vergangenheit.

Du musst im Leben lernen, auch alleine zu leben und diese emotionale Abhängigkeit beiseite zu legen. Denn sonst bist du nur ein Tier, das von Besitzer zu Besitzer wandert.

Dann wenn, es schon zu spät ist

Es fällt uns erst auf, wie abhängig wir von einem Menschen sind, wenn es schon zu spät ist.

-Mert S.

Es ist leider zu spät. Du bist bereits verliebt und kannst
nur mit Schmerzen diesem Teufelskreis entkommen.
Entscheide du selbst, was für dich das Beste ist.
Weiterhin deine Hoffnungen in diesen Menschen setzen
oder doch lieber entkommen. Bedenke aber, dass
zerstörte Hoffnungen ein riesiger Schmerz sein wird.

Gefangen in der Kälte

Wie entkomme ich ihr?
Wie lange wird mein Herz gegen diese Kälte
standhalten?
Wieso verspüre ich überhaupt Schmerzen?
Die Kälte hätte schon lange mein Herz betäuben
müssen.

-Mert S.

Wieso ist dein Herz noch nicht erfroren? Fragst du dich
bestimmt.
Es ist dein Herz, welches nach dir schreit. Es sagt, dass es
noch leben möchte und keine Angst hat erneut verletzt
zu werden. Es weiß nämlich, dass all die Verletzungen
irgendwann ein anderes Herz heilen wird. Deshalb folge
deinem Herzen weiterhin und lasse die Wärme in dir zu
und vertreibe die Kälte.

Die Liebe

Ich war mein ganzes Leben lang unabhängig und allein.
Als du vor mir standest, verschwand diese Einsamkeit.
Ich habe in nur einem Augenblick all das Leid vergessen
und deine Wärme gespürt.

Die Wärme, die mich aus dieser Einsamkeit rettete.

-Mert S.

Kann die Liebe eines Menschen uns wirklich aus der Dunkelheit retten?
Oder erhellt sie doch nur kurzfristig unser Herz und verschwindet wieder?
Ich war noch nie verliebt, aber träume von ihr tagtäglich. Ich kann mir nur ungefähr vorstellen, wie sich die Liebe anfühlt. Ich liebe meinen Schöpfer, meine Familie und Freunde, aber wie wird es bei meiner Frau sein? Was eine Art von Liebe wird es wohl sein? Ich will lieben, aber ich will nicht, dass die Liebe mich tötet...

Die Suche nach der Liebe

Verzweifelt irren wir durch diese Dunya.
All dies nur aus einem Grund:

Die Suche nach der Liebe

Doch wir vergessen, dass diese Liebe jeden Tag fünfmal
auf uns wartet.

-Mert S.

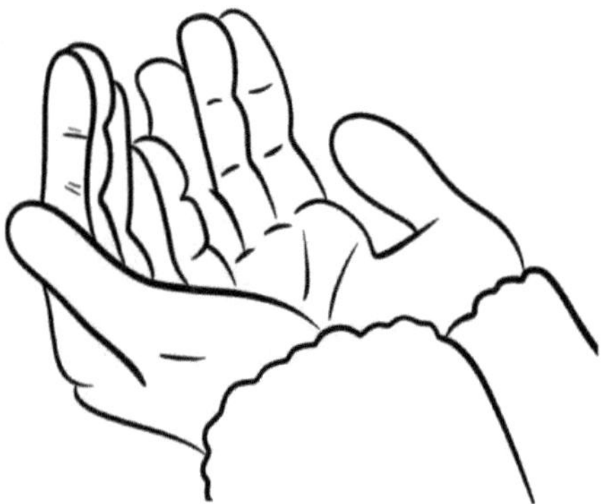

Ich weiß, dass ich sehr viel über die Liebe Allahs rede
und kaum über Menschen. Aber ich bin der Meinung,
dass die Liebe Allahs, die Basis für alles ist.
Wie willst du ein erfülltes Leben führen können, ohne
deinen Schöpfer an deiner Seite?
Wie willst du einem Menschen in die Augen schauen und
ihr sagen, dass du sie liebst?
Wenn du dem deinen Rücken zukehrst, der dich bereits
liebte, bevor du existiertest?

Hast du die Liebe Allahs, hast du alles!

Tränen

Ya Allah! Ich sitze hier mit geöffneten Händen, die sich langsam mit Tränen füllen.

Es sind keine gewöhnlichen Tränen. Es sind Tränen voller Reue.

Ich weine nicht aus Trauer.
Es ist die Freude!
Freude, aus dem Bann des Shaytans befreit zu sein.

-Mert S.

Diese Erleichterung all die Jahre sich leer und einsam gefühlt zu haben.

Diese Phasen voller Trauer. Ich habe es geschafft, wieder zu meinem Glauben zu finden.

Dieses Gefühl, wieder zu beten, hat all die Qual in mir ausgelöscht.

Es fühlt sich so an, als würde ich erst jetzt leben. Meine Hände füllten sich voller Tränen, weil ich so glücklich war wieder zu Allah zurückzukehren.

Wir sehen uns auf der anderen Seite

Wir kannten uns nicht lange, aber es fühlte sich an wie
Jahre.
Ich bin glücklich, dass du den Weg zu Allah gefunden
hast.
Dies war nämlich das beste Geschenk, das ich dir auf
dieser Dunya geben konnte.

Wir sehen uns auf der anderen Seite…

-Mert S.

Wir alle werden einem Menschen begegnen, der uns
sehr nah stand, aber es nicht geklappt hat. Sei es durch
Eltern, Religion, Kultur oder charakterliche
Eigenschaften. Doch wir können diesen Menschen etwas
Gutes mitgeben, wie z.B. Wissen, Charakter oder auch
Glaube.
Nicht jeder Mensch, der mal ein Teil deines Lebens war,
ist direkt sinnlos. Sie alle haben dich zu dem gemacht,
der du heute bist.
Sei dankbar für diese Erfahrungen und schätze sie wert.

Ich habe Angst vor dem Tod

Wieso habe ich Angst vor dem Tod, obwohl das Paradies dahinter wartet?
Oder ist es meine Angst, in die Hände des Shaytans zu verfallen?
Also ist diese Furcht, eine Erinnerung an die Hölle?

-Mert S.

Wir haben nicht Angst vor dem Tod, sondern vor den
Konsequenzen, die nach dem Tod kommen. Wir haben
Angst, dass unsere Taten nicht ausreichend sind.
Zusätzlich die Furcht, dass wir abscheuliche Taten
vollbracht haben, die wir bereits vergessen haben. Sei es
einem Menschen Unrecht getan oder doch den Respekt
gegenüber den Eltern verloren zu haben.
Alles sind Taten, welche abgewogen werden und für
jedes einzelne Wort, dass mit dieser Zunge gesprochen
wurde, werden wir zur Rechenschaft vollzogen.

Hast du immer noch Angst vor dem Tod oder ist es die
Furcht vor Allah?

Du warst das Problem

Ich gab dir all meine Liebe und Vertrauen, doch
letztendlich entschiedest du dich für jemand anderen.

Nicht ich war das Problem, sondern du.
Nachdem ich verschwinde, wirst du nach mir suchen.
Du wirst nach dieser Liebe von mir suchen.
Du wirst nach diesem Gefühl suchen.
Du wirst suchen, aber nichts finden.

-Mert S.

Wir gaben diesem Menschen alles, jedoch wusste es
dieser nicht zu schätzen. Jetzt sind wir weg,
aber er kommt immer wieder zurück. Er sucht nämlich
nach der naiven Person von damals.
Verzweifelt versucht er uns an schöne Momente zu
erinnern und manipuliert unser Herz, aber unser Kopf
weiß dies. Wir haben aus Schmerzen gelernt und haben
uns weiterentwickelt.
Unser Kopf weiß, dass dieser Mensch es nicht wert ist,
denn er hat uns damals nicht wertgeschätzt.

Liebe und Hass zugleich

Ich liebe die Kälte, doch hasse sie zugleich.
Sie ist der Schutz vor Schmerzen, aber auch das
Hindernis der Liebe.

-Mert S.

Hast du dir mal die Frage gestellt, weshalb du kalt bist?
Reden wir hier von der Kälte oder doch von der Angst?
Du bist nicht kalt und warst es auch nie, denn tief im
Inneren verspürst du die Sehnsucht nach der Liebe. Du
hast nur Angst Gefühle zuzulassen, da du bereits verletzt
wurdest.
Die „Kälte" wird nicht dein Problem lösen, sondern dich
verschlingen. Bleibe endlich stehen und renne nicht weg
vor deinen Ängsten.

Was ist dein Ziel?

Schaue in den Spiegel und betrachte dich selbst. Was verspürst du bei diesem Anblick?
Verspürst du Angst und Enttäuschung oder doch Liebe und Stolz?
Wieso verspürst du das? Waren es deine Taten, die dich zu diesem Anblick brachten?
Überlege, wer du bist und wer du sein möchtest.
Hinterfrage dein Leben und somit auch deine Ziele.

Wieso bist du auf dieser Welt?

-Mert S.

Selbstreflexion bei einem Menschen ist eins der
wichtigsten Sachen. Hinterfragst du dich selbst als
Person nicht, wirst du niemals Fortschritte erlangen.
Wie willst du dich verbessern, wenn du glaubst, perfekt
zu sein? Gestehe deine Schwächen und Fehler, denn aus
diesen entwickeln wir uns weiter.
Ein Mensch ohne Selbstreflexion ist für keine Beziehung
geeignet. Ein Mensch, der nie seine Fehler zugibt und
darauf bejaht im Recht zu sein ist ein Egoist und nicht
reif.
Wie willst du eine anständige Beziehung mit so einem
Menschen führen? Und wenn du bereits so eine
Beziehung führst, so würde ich diese hinterfragen.
Hat sie ein Nutzen für mich oder ist sie doch nur eine
Last?

Brücken bauen, aber für wen?

Wir lieben, lachen und weinen. Doch die Menschen, die
wir lieben, wollen wir bei uns haben.
Darum bauen wir eine Brücke, damit sie sich uns nähern
können. Aber was, wenn dieser Mensch nie auf deine
Seite wollte?
Wirst du dann diese Brücke einreißen oder doch auf den
nächsten Menschen warten?

-Mert S.

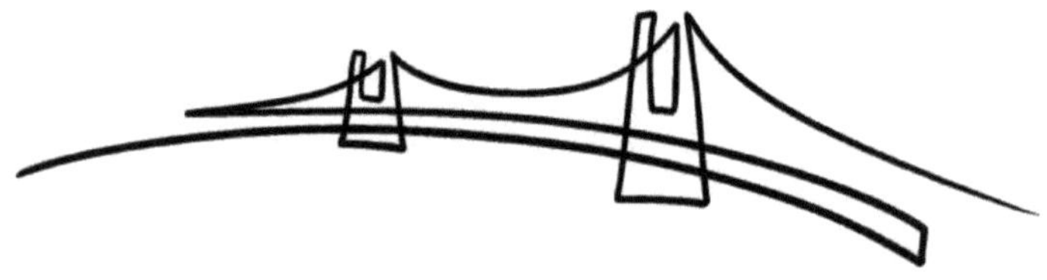

Nicht jeder Mensch in deinem Leben wird dich genauso lieben, wie du sie liebst. Deshalb verzweifle nicht daran und reiße alles ein. Bleibe weiterhin der Mensch, der du auch zuvor warst. Änderst du dich wegen Menschen, bist du dir selbst nicht treu und nur eine Marionette. So lasse diese Brücke stehen, denn irgendwann wird ein Mensch auftauchen, der diese Brücke überqueren wird. Wenn diese Brücke einmal überquert wurde, dann kannst du sie einreißen. Dieser Mensch wird nämlich nie wieder deine Seite verlassen.

Das falsche Zuhause

Wenn dein Zuhause ein Mensch ist, wirst du früher oder später dieses Zuhause verlieren.

Das Paradies ist unser Zuhause.

-Mert S.

Ein Mensch kann dir das Gefühl von einem Zuhause
geben, aber dieses Zuhause ist vergänglich. Denn der
Tod wird uns alle einholen.
Hast du dich manchmal gefragt, weshalb wir von einem
Paradies träumen und solche Sehnsucht danach haben?
Es ist nämlich das Gefühl eines Zuhauses. Während du
auf einer langen Reise bist, verspürst du Sehnsucht für
dein Zuhause. Genauso fühlen sich unsere Seelen, die
dieser Reise durch den Sturm entkommen wollen und
endlich wieder nachhause zurückkehren können.

Wann genügt es?

Taten über Taten.
Schlechte, aber auch gute Taten werden vollbracht.
Tag für Tag.
Jahr für Jahr.

Wie lange muss ich so weiter machen?
Wann wird mir das Paradies garantiert, damit ich endlich
entspannen kann?

All dies geht mir durch den Kopf, obwohl ich die Antwort
kenne.

Niemand außer dir weiß, wann es genügt, deshalb
mache ich immer weiter.

-Mert S.

Wann genügt es?
Diese Frage ist berechtigt, denn wir Menschen wollen
ein genaues Bild haben, von dem, was wir machen. Wir
werden ungeduldig, wenn wir nicht die Grenzen kennen.
Wir sind faul und wollen nur das Nötigste tun, um das
Paradies zu erlangen, aber was ist das Nötigste?
All dies sind Fragen, die bewusst unbeantwortet sind,
um uns zu schützen.

Das Licht

Du bist mein Licht in der Dunkelheit.
Die Dunkelheit, in der, der Shaytan lauert.
Du bist das Licht, das mich durch diese Dunya führt.

Das Licht, das mir den Weg durch den Sturm zeigt.

-Mert S.

Dunkelheit wird immer in unserem Leben existieren. Die Dunya ist nämlich kein Ort mit Frieden und Licht, denn dort wo es Licht geben wird, wird auch immer Dunkelheit existieren.
Wir reden von einem Licht, aber welches Licht?
Etwa die Sonne? Nein!
Wir reden von einem Licht, das dir den Weg durch die Dunkelheit zeigt. Dieses Licht ist Allah. Folgst du diesem Licht wirst du in der Dunkelheit nicht untergehen, doch ignorierst du es wirst du erblinden. Du wirst blind durch diese Dunya laufen, ohne es zu bemerken.

Der Tod vor dem Tod

Nicht deine Seele hat dich verlassen, sondern deine
Liebe zu Allah.
Du lebst zwar, doch bist im Inneren bereits gestorben.
Gestorben, weil du ihn aus deinem Herzen
ausgeschlossen hast.
Sieh zu, wie du alles bereuen wirst, aber es schon zu spät
sein wird.

-Mert S.

Wir haben Angst vor dem Tod, weil wir uns vor der Hölle
und der Strafe Allahs fürchten. Doch sollten wir uns nicht
eher davor fürchten, dass wir die Liebe zu Allah
verlieren?
Verlieren wir sie, sind wir bereits gestorben, deshalb
fürchte und liebe ihn zugleich. Bete, faste und spende
aus Liebe zu ihm, denn er ist Der, Der dir das Leben
schenkte.
Das Leben, das er dir jederzeit wieder nehmen kann.

Momente aus der Vergangenheit

Meine Liebe zu dir ist unbeschreiblich.
Selbst wenn ich nur darüber nachdenke, denke ich nicht
an Worte, sondern an Momente.

An Momente mit dir.
An Momente, an denen die Zeit nicht existierte.
An Momente, an denen Sorgen zu Staub wurden.

An Momente, die ich vermisse...

-Mert S.

Wir lieben die Momente, aber hassen die Menschen.
Wir fangen, an Menschen zu vermissen, weil wir uns an
die schönen Momente mit ihnen erinnern. Jedoch
vergessen wir die Momente, an denen uns die
Menschen Leid zugefügt haben. Aber warum vergessen
wir diese Momente?
Es liegt an deinem Herzen, denn es sehnt sich nach der
Liebe und dem Schönen, deshalb vergisst es das
Negative. Die schönen Momente sind vorbei und werden
nur noch eine Erinnerung sein.

Vergangenheit oder Zukunft?

Mache deine Zukunft nicht zu deiner Vergangenheit, denn sonst war es nicht das letzte Mal, dass du leiden musstest.

-Mert S.

Wie sollen wir denn voranschreiten, wenn wir wegen
etwas Vergangenem rückfällig werden?
Merkst du nicht wie du dein Herz zwingst an der
Vergangenheit festzuhalten und dies hinter dir herziehst.
Eine unnötige Last, welche dich durchs Leben begleitet.
Diese Last ist so gewaltig, dass du einige Türen nicht
betreten kannst, da die Vergangenheit diese blockiert.
So löse dich davon und schaue nicht mehr nach hinten.

Entkommen der Leere

Geschwächt liegst du in deinem Bett.
Die Lust am Leben verloren, weil sich alles so leer
anfühlt.

Ist es wirklich das Leben, was du dir vorgestellt hast?
Oder hast du Angst, diese Leere zu bekämpfen?

Angst erneut verletzt zu werden...

-Mert S.

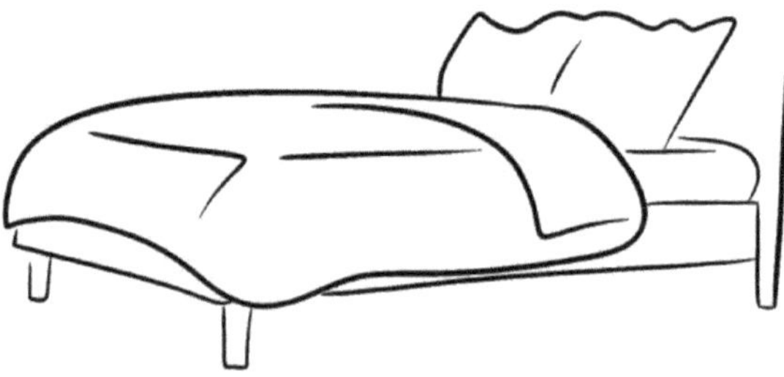

Wir verzweifeln durch unsere innere Leere, weil wir
aufhören weiterzuleben. Du solltest erst recht anfangen,
deine Leere mit neuen Dingen zu füllen. Lasse Gefühle
wie Liebe und Schmerz zu, denn das ist das Leben. Du
wirst niemals ein Leben mit Kälte führen können.
Es ist natürlich Schmerzen zu erleiden, denn sie macht
die Liebe eben so wertvoll.

Das Mädchen wie im Traum

Ihr Anblick ist wunderschön und perfekt.
So perfekt, dass ich mich in sie verliebe.
Sie ist das Mädchen meiner Träume.
Ihre Schönheit strahlt Wärme und Liebe aus.
Ich hoffe, ich wache nie wieder auf.

-Mert S.

Wir alle träumen von der Liebe und hoffen, dass diese
Gedanken zur Realität werden. Wir suchen und suchen,
aber finden nichts.
Wo ist diese Person unserer Träume?
Wo befindet sie sich?
Wieso treffe ich sie nicht?
Wie lange wird es dauern?
All diese Fragen durchströmen unseren Kopf, aber wir
finden keine Antwort. Du wirst es oft gehört haben, aber
wir können nicht mehr tun als geduldig zu warten.

Mein Nasip?

Wieso bedrückt mich diese Frage so sehr?
Ist es, weil ich mich selbst belüge, dass diese Person
mein Nasip ist?
Oder ist es diese Wärme, die ich bei dieser Person
spüre?
Nein, keine angenehme Wärme, sondern Wärme, die
das Atmen erschwert.
Wärme, vor der sich mein Herz am meisten fürchtet.
Das Herz, das sich der Wärme des Shaytans nähert…

-Mert S.

Willst du aus diesem Gefängnis ausbrechen und die
Freiheit genießen oder doch nur in Gefangenschaft
vollenden?
Wieso führst du dann eine harame Beziehung?
Wieso erklärst du diesen Menschen zu deinem Nasip?
Ist ein Nasip, der dich zum abscheulichen leitet?
Nasip? Diese Person ist nicht dein Nasip.
Sie ist die Falle des Shaytans.

Zeichen Allahs?

Sie betete zum Allmächtigen und fragte ihn:
„Ya Allah ist er mein Nasip so gebe mir ein Zeichen.".

Es schlug ein Blitz ein und das Lächeln war groß.

Doch dieses Lächeln war das finstere Grinsen des Shaytans.

-Mert S.

Ya Allah!

Helfe unseren Geschwistern sich niemals von etwas täuschen zu lassen, was nicht du bist.

Diese Gier in uns nach der Suche unseres Nasips und somit der Glückseligkeit, frisst manche von uns auf. Sie wird immer größer, während unser Sabr immer weiter schwächt. Diese Gier wird so groß, dass wir schon verzweifelt an einen Blitz glauben.

Vergesse niemals, dass der Shaytan alles dafür geben würde dich scheitern zu sehen. Also bewahre dein Sabr und kämpfe gegen diese Gier an.

Die Bindung

Ich bin an dich gebunden, mein Schöpfer.
Gebunden, da du der einzige Halt auf dieser Dunya bist.
Ich hoffe doch nur, dass meine Hand dich niemals
loslässt.

Denn geschieht dies, falle ich in die Tiefen der
Dunkelheit.

-Mert S.

Bindungen sind ein Teil unseres Lebens. Man unterscheidet zwischen emotionaler- und materieller Bindung. Jedoch sind Bindungen nicht immer positiv.

Eine materielle Bindung an Geld führt oft zu Gier und Arroganz. Diese Gier entwickelt sich zu Hass gegenüber Menschen, die zwischen ihm und dem Geld stehen. Heißt, du jagst etwas Vergänglichem und Materiellem hinterher, das dir Allah jederzeit nehmen kann.

Die emotionale Bindung hingegen beschäftigt sich mit dem Menschen bzw. der Liebe. Wir binden uns an Menschen und vertrauen ihnen. Sie sind unser Schutz und Rückzugsort. Doch gleichzeitig können sie der Grund für unsere schrecklichsten Schmerzen sein.

Was will ich dir damit sagen?

Nicht ohne Grund jage ich selbst der Liebe Allahs hinterher, da diese Liebe niemals verschwindet oder mir schaden kann.
Folge ich ihr, kann mich nichts auf dieser Dunya stürzen.

Ich bin mein Feind

Hast du Allah in deinem Herzen, kann dich nichts auf dieser Dunya stürzen, außer die Person in deinem Spiegelbild.

-Mert S.

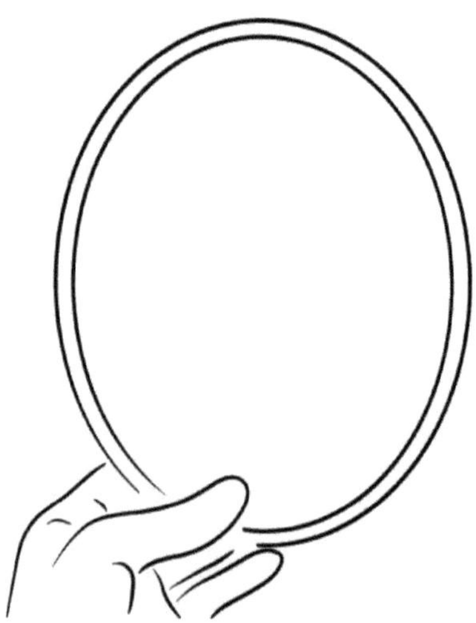

Menschen können uns Unrecht antun, zu Sünden
verlocken oder uns vom Glauben entfernen, aber wer
dies entscheidet, bist du. Du gibst das letzte Urteil, bevor
eine Sache geschieht. Du selbst entscheidest, ob du jetzt
sündigst oder lieber beten gehst. Du bist dein eigener
Freund und Feind zugleich.
Also fange, an diesen Feind im Spiegelbild zu
unterdrücken.

Die Sehnsucht

Ich habe Sehnsucht nach dir.
Sehnsucht nach deinem Duft.
Sehnsucht nach deiner Art.
Sehnsucht nach deinem Lächeln.

Sehnsucht nach der Vergangenheit mit dir...

-Mert S.

All die schlaflosen Nächte und Gedanken, die einem
durch den Kopf gehen.
Wann kommt er zurück?
Warum haben sich unsere Wege getrennt?
Werde ich ihn vergessen können?

Ich kenne die Antwort, aber kann es nicht akzeptieren.

Manipulation durch Blicke

Ein Blick hat gereicht, um mich in deinen Bann zu ziehen.
Das ist also die Kraft der Augen?
Deine Blicke widerspiegelten, das weite offene Meer.
Das Meer, welches mein Herz ertrinken ließ…

-Mert S.

Ich bin verliebt in deine Augen, obwohl ich weiß wie
gefährlich es ist. Die Augen eines Menschen tragen die
Seele mit sich. Verliebst du dich in diese, bist du bereits
in ihrem Bann. Weshalb sonst musst du lächeln, wenn
du ihm in die Augen schaust?

Das Aufreißen von Narben

Sei unabhängig von Menschen, denn bist du es nicht,
wirst du Schmerzen erleiden.
Schmerzen, die nicht wie ein kleiner Stich sind, sondern
Schmerzen, die zu einer Narbe werden.
Narben, die du immer wieder aufreißen wirst, nur um
den Menschen nochmal zusehen.

-Mert S.

Die Unabhängigkeit ist eins der schwierigsten Dinge,
sobald dein Herz verliebt ist.
Wie willst du Gefühle kontrollieren, die sich so
wunderschön anfühlen?
Warum sollte man diese Gefühle loswerden wollen?
Wir denken in solchen Momenten nur mit unserem
Herzen und blenden unseren Verstand aus. Unser
Verstand weiß, dass dieser Mensch die Macht dazu hat,
unser Herz in Stücke zu reißen. Jedoch sind wir verliebt
und wollen nicht, dass dieser Traum endet. Begreife,
dass dieser Mensch nicht mehr ein Teil von deinem
Leben ist.

Die wahre Stimme

Tagtäglich sprichst du mit einer Stimme.
Du sprichst über Liebe, Schmerz und Hoffnung.
Doch schließt du deine Ohren und lässt die Außenwelt
zur Ruhe kommen.
Wirst du endlich deine wahre Stimme hören.

Die Stimme, die all die Jahre auf diesen Moment
gewartet hat.

-Mert S.

Wann war es das letzte Mal, als du dein Herz sprechen
lassen hast?
Viele von uns beginnen durch Schmerzen ihr Herz zu
verschließen. Somit verschwinden auch die Gefühle.
Können wir uns denn noch als einen Menschen
bezeichnen, wenn wir ohne Gefühle leben?
Dein Herz sehnt sich nach der Glückseligkeit und nicht
dem Bösen. Also warum verbietest du es ihr zu leben?

Der Schutz im Sturm

Ich bin umgeben in einem Sturm voller Sand.
Öffne ich meine Augen, erblinde ich, doch geschlossen
sehe ich alles.
Es sind nicht meine Augen, die mich durch diesen Sturm
führen, sondern mein Herz.
Das Herz, welches dem Barmherzigen gehört.

Ya Allah! Führe mich unversehrt durch diesen Sturm.

-Mert S.

Wir reden von einem Sturm, doch was hat es mit diesem Sturm auf sich?
Der Sturm kann verschieden interpretiert werden. Sei es der Kampf mit sich selbst, also seiner Seele oder mit der Dunya an sich.
Diese Dunya ist, wie ein Sturm, den wir Individuen allein durchqueren müssen.
Einige werden Gruppen bilden und sich aneinanderbinden, um sich zu schützen. Doch sie vergessen, dass der Shaytan diese Bindungen zerstören kann und somit einen in die Irre führt.

Deshalb binde dich nicht an einen Menschen, sondern an den, der diesen Sturm erschaffen hat.

Verliebt in die Perfektion

Wir jagen einem perfekten Leben hinterher.
Wir opfern für dieses „perfekte" Leben
Zeit.
Geld.
Schmerz.
Kraft.

Doch werden diese Perfektion niemals erreichen.
Wie willst du die Perfektion erreichen, wenn nicht mal
diese Welt perfekt ist?

-Mert S.

Wir investieren unsere Zeit und Kraft in vergängliche
Dinge. Dinge, die uns vor Allah nichts nützen werden. Du
wirst vor ihm ganz alleine stehen, ohne deinen
Reichtum, dein Prestige und deine Macht. Deine Macht
wird keine Rolle mehr spielen, wenn du vor deinem
Schöpfer stehst.
Sage mir, wie willst du auf die Frage: „Was hast du in
deinem Leben in meinem Namen vollbracht?"
antworten.

Die wahre Perfektion

Diese Dunya ist nicht perfekt, denn dort wo es gutes
gibt, wird auch böses existieren.
Dies ist die Eigenschaft der Dunya.
Nur im Paradies wird hinter etwas Gutem etwas noch
Besseres versteckt sein.

-Mert S.

Wie können Menschen diesen Ort als perfekt
bezeichnen?
Wie können sie ihr Leben perfekt nennen, wenn sie
tagtäglich mit Problemen kämpfen?
Ist das die wahre Perfektion?
Ein Ort, welcher nur Sünden widerspiegelt. Lasse dich
nicht von der Gesellschaft beeinflussen, dass man nur
einmal lebt und sein Leben „genießen" sollte. Diese
Menschen sind bereits verloren und ihre Herzen weinen
nach Reue, doch ihre Lüste unterdrücken es.

Das wahre Zuhause

Ich war an dem schönsten Ort dieser Dunya und trotzdem fühlte ich mich nicht wie Zuhause.

-Mert S.

Ich möchte Weg hier!
Kein Ort oder Mensch lässt mich das fühlen, wonach sich
mein Herz sehnt. Ich verzweifle teilweise, da ich den
Sinn im Leben verliere, doch genau dies will der Shaytan.
Meine Prüfung ist es, diese Sehnsucht zu kontrollieren
und weiterzugehen. Ich gehe so weit, wie es mir mein
Schöpfer erlaubt. Ibadat für Ibadat werde ich
vollbringen. Rückschlag für Rückschlag, aber ich werde
immer wieder aufstehen.
Denn diese Schmerzen auf dieser Dunya sind nichts im
Vergleich zu den Schmerzen in der Hölle.

Greife meine Hand und genehmige dir eine Pause vor
dem Sturm. Eine Pause an einem ruhigen Ort.
Verstehst du jetzt, wieso dieser Ort „der Sturm" genannt
wird? Es ist ein Ort voller Chaos und Zerstörung, denn
verbringst du an diesem Ort zu viel Zeit, so wirst du in
ihm untergehen. Gedanke für Gedanke werden um dich
hergeworfen. Gedanken, die du kaum zuordnen kannst.
Gedanken, die du nicht mal ansatzweise verstehst.
Wieso gehst du weiter, wenn du nicht weißt, wie man in
diesem Sturm schwimmt? Wieso liest du dieses Buch,
wenn du meine Worte und ihre Absicht dahinter nicht
verstehst? Habe ich dich nicht gewarnt? Du wirst in
diesem Sturm untergehen, wenn du nicht verstehst,
weshalb dieser Sturm existiert.
So überlege für einen Augenblick, was zuvor geschehen
ist und was es für eine Bedeutung haben kann. Denn
gehst du weiter ohne Klarheit und Ruhe, so wirst du im
Sturm ertrinken.
Genug ausgeruht, der Sturm wartet auf dich. Doch bevor
du hineinspringst: Du bist nicht allein in diesem Sturm,
du glaubst nur allein zu sein.

Es endet immer gleich

Du warst zwar anders, als die anderen.
Doch endetest, wie die anderen...

-Mert S.

Es endet immer gleich, egal wie verschieden diese
Menschen waren. Alle haben nämlich eins gemeinsam.
Sie alle gehören der Vergangenheit an und sollten es
auch weiterhin sein. Blickst du zurück und wirst
schwach, geht das Spiel von vorne los.

Manipulation durch Worte

Er redete über wunderschöne Träume, doch zeigte dir nur die abscheuliche Realität.

Diese Realität erkanntest du nicht, denn du irrtest noch tief in seinen Träumen.

-Mert S.

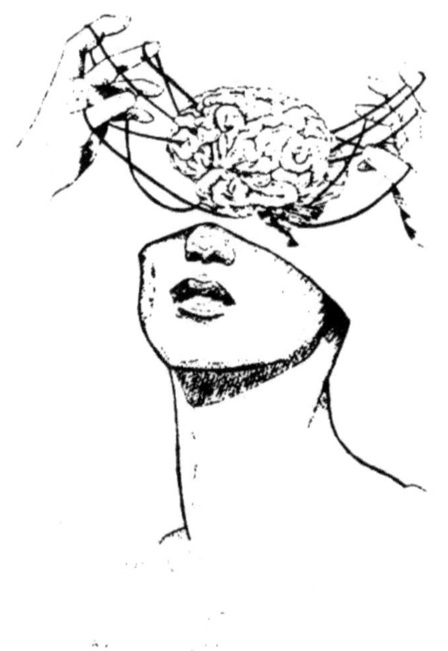

Wie schön manchmal Worte klingen, aber sind sie auch
wirklich so schön?
Es sind Worte, welche dich träumen lassen. Träumst du
zu viel, versinkst du immer tiefer und begreifst nicht,
dass alles leere Worte sind.
Es ist dein Herz, welches diese Worte so wertvoll macht.
Dein Herz wurde manipuliert. Dieser Mensch liebt dich
nicht, sondern hat Gefallen an deiner Aufmerksamkeit.
Diese erlangt er durch Worte, nach denen sich dein Herz
sehnt.

Aufmerksamkeit oder Liebe?

Ich weiß nicht, ob ich dich oder die Aufmerksamkeit
liebe?
Doch, wenn ich die Aufmerksamkeit liebe. Wieso
verspüre ich dann nicht dieselben Gefühle wie bei
anderen Menschen?

Liebe ich dich also doch?
Ist es das, was man Liebe nennt?

-Mert S.

Ich weiß nicht, wann man einen Menschen liebt. Ich liebe es die Aufmerksamkeit von diesem Menschen zu bekommen und spüre eine Art Wärme, aber nennt man das Liebe?
Viele haben einen Kampf mit sich selbst, denn sie wissen nicht, was sie wirklich wollen. Auf der Suche nach der Antwort verletzen sie viele Menschen und auch sich selbst. Es ist ein gefährlicher Weg, aber der einzige, da man sonst stehen bleibt. Man möchte Antworten und Lösungen und muss deshalb voranschreiten.
Doch ist es nicht egoistisch dabei, andere Menschen zu verletzen?

Frage dich selbst

Hast du dir mal die Frage gestellt, was die Liebe
überhaupt ist?
Wo ist ihr Ursprung?
Was macht sie aus?
Und warum ist sie so gefährlich?

Die Liebe beginnt mit der Selbstliebe. Liebst du nicht
dich selbst, wirst du andere Menschen auch nicht lieben
können.
Denn suchst du die Liebe, ohne lieben zu können, wirst
du einen Menschen ins Verderben stürzen.
Verstehst du jetzt, weshalb die Liebe so gefährlich ist?

-Mert S.

Wieso versuchst du jemand anderes zu lieben, obwohl
du kein Stück Selbstliebe empfindest?
Du wirst in dieser Beziehung untergehen, weil du deinen
eigenen Wert nicht schätzt. Diese Person wird dies
ausnutzen, ohne, dass du es merkst.
Wie oft haben wir gesehen, dass unsere Freunde
abscheuliche Dinge für ihren Partner taten?
All dies, weil du keinen Respekt vor dir selbst hast.

Mert Simsek

„Je näher Allah, desto weniger Menschen in meinem Leben", sagte ich immer.
Doch jetzt realisiere ich, dass es nie weniger Menschen wurden, sondern weniger Sünden.
Ich habe nicht die Menschen verloren, sondern die Sünden, die diese Menschen mit sich trugen.

-Mert S.

Ich sah diese Menschen als Sünden, denn wären sie gute Menschen, würden sie mich vorm Bösen bewahren. Ich verlor keine Freunde, sondern Feinde. Sie alle sündigten und diese Sünden vergifteten meine Seele. Deshalb trennte ich mich von diesen Menschen.
Schaue deine Freunde an.
Bringen sie dich dem Paradies näher oder sind sie die Marionetten des Shaytans?
Riskiere nicht das Paradies wegen ein paar „Freunden".

Der beschützende Freund

Wieso verschwand dieser Mensch aus meinem Leben
und hinterließ diese abscheulichen Schmerzen?
Abscheuliche Schmerzen, die mein Herz zertrümmerten.
Zertrümmert in tausenden von Scherben.
Wieso geschieht mir das?
Oder warst du es, mein Freund?

Du wusstest, dass dieser Mensch mich ins Verderben
stürzen würde.
Also hast du mich vor schlimmerem bewahrt?

-Mert S.

Nur Allah kennt uns und unsere Herzen. Einige Herzen
durchströmt die Dunkelheit und diese Dunkelheit hätte
auch dein Herz erreicht, doch Allah ließ dies nicht zu.
Allah wird auch Der beschützende Freund genannt und
auch wenn es aus erster Sicht falsch erscheint, ist es das
Richtige.
Wir glauben, dass Er uns die Glückseligkeit wegnahm,
doch was Er nahm war das Verderben. Allah schenkt dir
eine weitere Chance, also nutz sie.

Die Zunge ist eine Waffe

So hüte deine Zunge vor Zorn und Wut, denn sie ist
mächtiger, als jede Waffe auf dieser Dunya.
Eine Waffe, die Kriege auslöst.
Eine Waffe, die Menschen verletzt.
Eine Waffe, die dich das Paradies kosten kann…

-Mert S.

Wieso sind wir Menschen so?
Warum beleidigen wir uns gegenseitig?
Wieso denken wir nie über die Konsequenzen nach?
Was wenn dieser Mensch ein Leben lang diese Worte
nicht vergisst?
Was, wenn dieser Mensch diese Worte mit in sein Grab
nimmt?
Er wird am jüngsten Tag vor dir stehen und in diesem
Moment dein größter Feind sein. All dies, weil du deine
Zunge nicht hüten konntest...

Verzeihen, aber nicht vergessen

Ein Mensch, der anderen verzeihen kann, hat das wahre Leben verstanden. Tagtäglich sündigen wir und Allah verzeiht uns, also wer sind wir, dass wir nicht einem einzigen Menschen verzeihen können?

Was wenn durch dich dieser Mensch nicht mehr das Paradies betreten kann?
Wünschst du jemanden so etwas Schreckliches?

-Mert S.

Ich selbst habe Angst davor, dass am jüngsten Tag die
Menschen sich als meine Feinde enthüllen. Ich begann
mein Haqq mit jedem halal zu machen, da ich
niemandem die Hölle wünsche.
Fange an Menschen zu verzeihen, auch wenn sie dir
Unrecht antun. Du musst ihnen nur verzeihen und nicht
mit ihnen auskommen. Sei eine reine Seele und schaue
über die diese Menschen hinweg. Wir brauchen keine
Rache, denn das widerspiegelt nicht das Verhalten eines
Muslims. Verzeihe den Fehlerhaften, denn du bist auch
einer von ihnen.

Ich habe mich selbst belogen

Ich habe meinem Herzen versprochen, nie wieder
Schmerzen zu verspüren, doch bei dir wurde ich
schwach.
All meine Prioritäten verloren ihren Wert als ich dir in
die Augen schaute.
Zu dieser Zeit wusste ich, jedoch nicht, dass deine Augen
voller Unheil waren…

-Mert S.

Wir schmeißen für einen Menschen unsere Prioritäten
und unseren Stolz weg, denn wir glauben, dass dieser es
wert ist. Letztendlich werden wir erneut enttäuscht.
Aus diesem Grund sollten wir einen Menschen finden,
der unseren Prioritäten gerecht ist. Nicht umsonst
existieren diese Prioritäten.

Der Narzisst

Ein narzisstischer Mensch wird niemals deine Gefühle
nachvollziehen können.
Es spielt keine Rolle, wie viele Tränen du vergießt.

Dieser Mensch schaut dir in die Augen, nur um sich
selbst zu bewundern.

-Mert S.

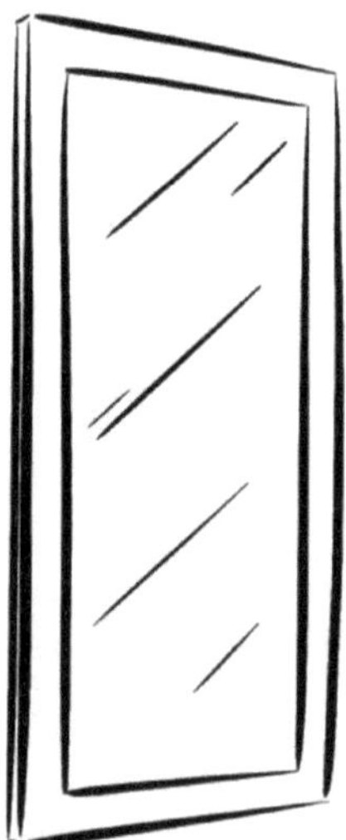

Ein sehr schwieriges Thema, welches jedoch äußerst
wichtig ist. Denn viele Menschen begreifen nicht, wie
sehr ein Narzisst das Leben des anderen zerstören kann.
Stell dir doch mal vor, wie du eine Person über alles
liebst, aber eure Beziehung Stück für Stück zunichte
geht, weil dieser Mensch ein Narzisst ist.

Die Trennung

Menschen kommen und gehen.
Einige von ihnen fördern dein Leben.
Doch manche von ihnen kommen und zerstören dein
Leben.

Was bedeutet das jetzt aber?
Sollte ich nie wieder einem Menschen trauen?
Sollte ich wie gewohnt weiterleben?

Weder noch!
Lerne aus deiner Vergangenheit und werde stärker.
Stärker als zuvor.
Denn diese Stärke wird so unglaublich sein, dass dich nie
wieder ein Mensch stürzen kann.

-Mert S.

Wir lernen aus unseren Fehlern, denn ohne Fehler
würden wir uns nicht weiterentwickeln. So gestehe
deine Fehler und akzeptiere sie. Denn akzeptierst du sie
nicht, wirst du für immer stehen bleiben.
Trennungen in dieser Gesellschaft sind normal, da viele
wählerisch sind und das Gefühl der Aufmerksamkeit
lieben. Verschwindet dieses Gefühl, verschwindet auch
der Mensch.
Deshalb suche dir einen Menschen, der auch in
schlechten Zeiten an deiner Seite bleibt.
Ich selbst bin auch wählerisch, aber auch nur, weil ich
meinen Wert kenne.
Wieso sollte mich eine Frau bekommen, die nicht mal
ihren Schöpfer liebt?

Ein Dilemma

Wieso ist es so schwer, die Wahrheit zu sagen?
Sage ich die Wahrheit, verletzte ich dich.
Lüge ich verletzte ich dich.

Ein Dilemma, das mich in den Wahnsinn treibt...

-Mert S.

Ich weiß selbst nicht weiter. Wie oft habe ich einen
Menschen verletzt, weil es keinen anderen Ausweg gab?
Wie oft ich Tränen vergossen habe, weil ich die Seele
eines Menschen verletzt habe? Diese Reue jedes Mal,
die man verspürte.
All der Hass und die Trauer dieser Menschen
zerdrückten meine Lunge, dass ich kaum atmen konnte.
Aber so glaubt mir doch, ich selbst wollte es auch nie. Es
war ein Dilemma…

Wir belügen uns selbst

Wenn diese Dunya doch so schön und perfekt ist, wieso träumen wir dann vom Paradies?

-Mert S.

Die Menschen belügen sich selbst. Es sind ihre Herzen,
die sich nach dem Paradies sehnen. Die Herzen träumen
vom Paradies und nicht diese Menschen. Sie sperren ihr
Herz ein und füllen ihren Verstand mit dem Höllenfeuer.
Das Höllenfeuer breitet sich in ihrem Körper aus bis hin
zu ihrem Herzen. Doch das Herz ist standhaft, da Allah
ihnen die Kraft schenkt.
Was, wenn Allah ihnen diese Kraft nimmt?
Was, wenn sich damals dein Herz nicht nach dem
Paradies gesehnt hätte?

Wieso sind wir so?

Man sagt: „Diese Dunya ist eine schöne Lüge" trotz dieser offensichtlichen Lüge versuchen wir aus dieser Dunya das Paradies zu erschaffen.

Wieso sind wir Menschen so?

-Mert S.

Wir wissen, dass dieses Leben temporär ist und dennoch
vergessen wir es. Wir wissen, dass diese Welt eine Lüge
ist, aber akzeptieren es und leben in dieser Lüge weiter.
Wir haben die Hoffnung, dass diese Lüge zur Wahrheit
wird. Wir sind verlorene Seelen, die einer Lüge
hinterherjagen.
Gehörst du zu diesen Menschen?
Bist du so schwach und naiv?

Kultur ist nicht Islam

Sie erwarten von uns, uns der Kultur anzupassen.
Wobei die Kultur der Grund ist, weshalb eine
Aufspaltung unter uns Geschwistern herrscht.
Sie ist der Grund, warum so viel Hass entsteht.
All dies, weil die Kultur den Islam in den Schatten stellt.

-Mert S.

Wir alle haben die Erfahrung gemacht, dass die Kultur
mehr negatives als positives bewirkt hat. Seien es die
Eltern, die andere Kulturen verabscheuen oder selbst die
eigenen Landsleute. Sie haben alle eins gemeinsam. Alle
stellen die Kultur in den Vordergrund und schieben den
Islam in den Hintergrund.
Diese Menschen sind verblendet und müssen dieser
Blindheit entkommen.

Finde den Weg zu Allah

Das Leben als Muslim beginnt erst dann, wenn wir den Weg zu Allah gefunden haben.

Doch haben die Menschen für dich diesen Weg gefunden oder warst du es selbst?

Gehst du diesen Weg überhaupt aus eigener Überzeugung?

-Mert S.

Die meisten von uns werden als Muslime geboren,
welches schon eins der schönsten Geschenke ist.
Wir wachsen mit dem Islam auf und leben ihn aus. Doch
wir hinterfragen nicht, wer entschieden hat, diesen Weg
zu gehen.
Wir vergessen nämlich, dass wir erst den Weg zu Allah
gefunden haben, wenn wir auch von diesem Weg
überzeugt sind.
Wir sollten es nicht einfach hinnehmen, dass unsere
Eltern diesen Weg für uns ausgewählt haben. Wir selbst
sollten diesen Weg finden, denn dann beginnen wir erst
zu begreifen, was der Islam ist.

Erkläre mir

Erkläre mir, wie aus Samen Blumen werden?
Erkläre mir, wie aus Steinen Häuser werden?
Erkläre mir, wie aus Wörtern Schmerzen werden?

Aber erkläre mir nicht, wie aus Taten Vergangenheit
wurde…

-Mert S.

Erkläre du es mir. Warum geschieht all das hier?
Warum werden Menschen zu unserer Vergangenheit,
obwohl sie unsere Zukunft waren?
Diese Menschen verdienen uns nicht. Sie spielen mit
unseren Gefühlen und setzen Hoffnungen in unseren
Verstand. Hoffnungen, die zu Träumen werden und
Träumen, die zu Alpträumen werden…

Mert Simsek

Ich vermisse nicht die Vergangenheit, sondern das Gefühl der Vergangenheit.

-Mert S.

Wir sagen, dass alles damals viel besser war, obwohl es nie anders war. Wir hatten immer Probleme und Schmerzen. Jedoch vergessen wir sie, da sie nicht mehr ein Teil von unserem Leben sind. Wir erinnern uns nur gerne an die schönen Dinge, denn warum sollten wir uns an die negativen Dinge erinnern? Ist doch komisch sich mit den negativen Dingen zu beschäftigen oder nicht? Nein, es ist sogar besser, da wir realisieren, dass es uns jetzt eigentlich sogar gut geht. Damals hatten wir Geldprobleme und jetzt beschweren wir uns, weshalb wir nicht die neusten Schuhe haben. Damals wurde uns das Herz gebrochen und jetzt sind wir frei von Schmerzen. Es ist alles eine Sache der Perspektive.

Freunde oder doch Feinde?

Sie bewundern dich und deine Taten.
Doch hinter deinem Rücken verschlingt ihr Neid deine
Seele.
Sie sind Menschen, die deine Nähe suchen, um dem
Erfolg nah zu sein.
Für sie bist du nur ein Mittel zum Zweck.
Diese Menschen sind deine „Freunde".

-Mert S.

Wir Menschen brauchen einander, denn ohne soziale Kontakte geht der Mensch unter. Sei es Freunde, Familie oder Partner. Auf Dauer kann niemand von uns alleine leben, ohne jemanden zu vermissen.
Leider bringen auch diese Menschen Probleme mit sich. Die einen sind an deiner Seite, wegen deines Geldes und andere wegen deines Prestiges. Je höher du angesehen bist in dieser Gesellschaft, desto mehr Menschen werden deine „Freude". Wir beide wissen aber, dass die meisten keine wahren Freunde sind. Wenn du es so gut weißt und gerade sogar an bestimmte Personen gedacht hast, wieso distanzierst du dich dann nicht von diesen Menschen?
Hast du etwa Angst vor übler Nachrede, welche bereits geschieht?

Das wahre Opfer

Männer sind die wahren Opfer der Gesellschaft.
Jeden Tag schlüpfen sie in eine Rolle, welche ihnen auf erzwungen wird.
Eine Rolle, der starke, selbstbewusste und ehrgeizige Mann zu sein.

Denn nur dann bist du ein wahrhaftiger Mann.

Weinst du, bist du schwach.
Brauchst du Liebe, bist du schwach.
Hast du kein Geld, bist du schwach.

Willst du einer der „Starken" sein? So sei die Marionette dieser Gesellschaft.

-Mert S.

Der Hass gegenüber Männer wächst immer mehr.
Damals bewunderten die Frauen ihre Ehemänner und
gingen mit ihnen durch schlechte und gute Zeiten.
Heutzutage wirst du schon ersetzt, wenn du in ihren
Augen zu wenig Geld verdienst. Diese Gesellschaft ist
schon lange nicht mehr das, was sie mal war. Es werden
falsche Prioritäten gesetzt und dort Probleme gemacht,
wo nie welche existierten.

Ich war schwach…

Meine Liebe zu dir war so stark, dass ich es beenden musste.
Ich konnte nämlich nicht zusehen, wie ich dich mit ins Verderben stürze.
Jetzt gehen wir getrennte Wege, aber ich weiß, dass wir uns einander in den Gebeten erwähnen.

-Mert S.

Warum bin ich diese harame Liebe eingegangen?
Wie konnte ich so schwach sein?
Wie kann ich überhaupt in den Spiegel schauen, ohne
mich zu schämen?
Ich habe Allah enttäuscht und den Menschen, den ich
am meisten liebte, Richtung Höllenfeuer geführt. Als ich
all dies realisierte, spürte ich, wie mein Herz anfing zu
brennen. Es brannte, da es näher dem Shaytan, als Allah
war. Sofort entschied ich mich dazu, dies zu beenden.
Ich trennte mich von dem Menschen, den ich so sehr
liebte, denn ich will nicht der Grund sein, weshalb sie
alles verliert.

So möge Allah uns auf halale Weise zusammenführen
und nie wieder uns der Zina nähern…

Der Mittelpunkt meiner Dua

Meine Liebe zu dir drücke ich nicht mit Worten aus,
denn das wäre zu simpel.
Meine Liebe zu dir ist so stark, dass du in meinen
Gebeten lebst.

-Mert S.

Was sind schon Worte, wenn ich Allah von dir erzähle.
Jede Nacht erzähle ich ihm, wie schön du seist.
Schöner, als das Mondlicht.
Schöner, als ein Sonnenuntergang.
Schöner, als jede andere Seele auf dieser Dunya.

Vorstellung ist nicht Realität

Wir glauben gute Muslime zu sein, doch wandeln diese Vorstellung nicht in die Realität um.

-Mert S.

Wir alle wünschen uns das Beste aus uns herauszuholen.
Doch vergessen, dass sich Wünsche auch nur erfüllen,
wenn wir etwas dafür tun.
Wir stellen uns vor „perfekt" zu sein, doch versuchen es
nicht.
Höre auf zu träumen und mache diesen Traum zur
Realität.
Verschiebe nicht deine Gebete auf Morgen, sondern
verrichte sie jetzt.
Denn nur Allah weiß, wann uns die Vergänglichkeit
einholt und es dann zu spät sein wird.

Im Auge des Sturms

Ich bin mittendrin! Mitten im Geschehen!
Um mich herum sind tausende von Seelen.
Seelen, die alle demselben Strom folgen.
Doch wieso folge ich ihnen nicht?
Möchte ich nicht ein Teil von ihnen sein?

Ich möchte doch nicht alleine diesen Sturm
durchqueren.
Oder wird es mein Ende sein, wenn ich diesen Seelen
folge?

-Mert S.

Habe ich dir nicht gesagt, dass du alleine durch diesen
Sturm reist? Wieso überlegst du dann der Mehrheit zu
folgen und nicht deinem Instinkt?
Willst du etwa nicht überleben?
Die Gesellschaft wird immer einem bestimmten Strom
folgen, dies bedeutet aber nicht, dass du dich blind
ihnen anschließen solltest.
Überlege und entscheide weise, ob du ein Teil von ihnen
werden willst. Denn die Gesellschaft kann der Grund
dafür sein, dass du in diesem Sturm ertrinkst.

Es ist vorbei...

Wird es nicht Zeit, loszulassen?
Wie oft willst du noch die Hoffnung haben, dass ein
Wunder geschieht?
Merkst du es denn nicht?
Sein Verhalten spiegelt deine Tränen wider.

-Mert S.

Du weinst jede Nacht und hoffst, dass diese Tränen
irgendwann enden. Die Liebe tut weh, nicht wahr? Aber
weißt du, was mehr weh tut?
Hoffnungen zu haben, dass dieser Mensch sich ändert,
aber es nicht geschieht.
Nein sogar noch schlimmer, dass dieser Mensch deine
Hoffnungen zerstört, indem er dein Herz bricht.

Für dich leere Versprechen

Aber für mich waren es Versprechen, die mein Leben
bestimmten.
Ich habe mein Leben, um diese Versprechen gebaut.
Doch als sie verschwanden, brach mein Leben
zusammen…

-Mert S.

Wir können keinem Menschen voll und ganz vertrauen,
ohne diesen einen Hintergedanken. Der Hintergedanke,
dass dieser Mensch uns verrät. Denn wir selbst schaffen
es nicht mal unsere Versprechen zu halten.
Wie sollen dann andere ihr Versprechen gegenüber uns
halten? Es ist aussichtslos.
Die Beziehungen heutzutage sind nur alles leere
Versprechen, da nach dem kleinsten Konflikt schon der
Ausweg gesucht wird. Wie war es nochmal, dass wir
füreinander kämpfen werden? Alles leere Versprechen…

Manipulation durch Düfte

Immer wieder riechst du an dem Kleidungsstück,
welches den Duft dieser Person trägt.
Der Duft, der dich an wunderschöne Momente erinnert.
An Momente, welche du nie aufgeben wolltest.

-Mert S.

Auch durch Düfte können wir manipuliert werden. Ein Duft, welcher dich an einen schönen Moment im Leben erinnert. Diesen Duft kann ein Mensch immer wieder verwenden, um dich zu manipulieren. Immer wieder, wenn du diesen Duft riechst, wirst du dich an diesen Moment erinnern und je nachdem diese Gefühle annehmen. War es der Duft eurer ersten Umarmung? Oder doch der ersten Blumen?

Nicht jeder sieht gleich

Für dich mag dieser Mensch ein Verlierer des Lebens
sein, weil er nicht so erfolgreich ist wie du.
Aber hast du dich mal gefragt, weshalb dieser Mensch
trotz seiner Lage lächelt?
Du bist nämlich in seinen Augen der wahre Verlierer.
Denn während Zuhause auf dich nur das Geld wartet,
wartet auf diesen Menschen eine weitere lächelnde
Seele.

-Mert S.

Jeder hat seine Prioritäten im Leben. Für die einen ist es
das Geld und für die anderen die Liebe.
Ich benötige nicht viel im Leben. Schenke mir eine Seele,
die mich tagtäglich lächeln lässt und ich lebe das Leben,
wovon ich träumte.
Festige dich nicht zu sehr in dieser Dunya, denn früher
oder später wird alles verschwinden. Nur die Seele an
deiner Seite wird dich erneut treffen.

Das Gespräch mit dem Grab

Es sind flüchtige Erinnerungen, die zu zerbrechen
drohen. Denn es sind Jahre vergangen, als wir uns
trennten.

Jahre, als ich deinen Duft zum letzten Mal roch.
Jahre, als ich zum letzten Mal dir in die Augen schaute.
Jahre, als dein Herz noch lebte.

Habe Geduld, denn bald werde ich zu dir kommen.

-Mert S.

Der Tod nahm dir den wichtigsten Menschen auf dieser
Welt. Dein Herz ist zerbrochen und du weißt nicht
weiter.
Wie willst du nun weiterleben, ohne die Kraft dazu?
Wo sollst du weiter machen?
Lohnt es sich überhaupt noch zu leben?
Alles Gedanken, die der Shaytan dir zuflüstert. Würdest
du diesen Menschen lieben, würdest du alles dafür tun,
um sie im Paradies wieder zusehen. Doch du bist nur
schwach und trauerst dem Tod hinterher.
Stehe auf, denn dieser Mensch wartet auf dich.

Wer willst du sein?

Ich möchte der Mann sein, der für seine Söhne ein
Vorbild ist.
Ich möchte der Mann sein, der für seine Frau der
Schlüssel zum Paradies ist.
Ich möchte der Mann sein, der endlich seinem Schöpfer
mit einem Lächeln begegnet.

-Mert S.

Ich will ein rechtschaffener Mann sein, aber bin davon
noch so weit entfernt. Wir wollen vieles im Leben, aber
tun nichts dafür.
Wie sollen wir ein Mann werden, wenn wir unseren
Kindern nicht mal das Beten beibringen können?
Wie sollen wir unserer Frau gerecht sein, wenn wir ihr
nur Aussehen und Geld zu bieten haben?
Wie sollen wir vor unserem Schöpfer stehen, wenn wir
auf dieser Dunya versagt haben?

Al-Adil

Du fragst dich, weshalb du leidest oder Schmerzen
empfindest.
Während andere ihren Traum ausleben, kämpfst du dich
durch diese Dunya.
Wie ungerecht, nicht wahr? Was spürst du?
Verzweiflung?
Hass?

Doch was, wenn dieser Schmerz, der Grund dafür sein
wird, dass du im Paradies erwachst?
Spürst du weiterhin Hass oder Verzweiflung?
Er heißt nicht umsonst Al-Adil (Der Gerechte).

-Mert S.

Er ist der Gerechte und wird es auch immer sein. Durch jeden Schmerz in dieser Dunya wirst du umso mehr belohnt. Welch Schönheit, die sich unser Schöpfer für uns überlegt hat. Denke nun über deine Schmerzen und vergleiche diese mit dem Paradies. Realisierst du jetzt, dass diese Schmerzen nichts im Gegensatz zum Paradies sind. Jeder Schmerz nähert dich in Richtung Paradies. So zweifle nicht an der Gerechtigkeit von Allah. Er ist nämlich der beste Planer.

Eine Falle?

Ich erkenne jede Falle.
Kein Mensch kann mich täuschen.
Täuschen mit ihren Worten und Taten.

All dies dachte ich, bis ich dich traf.

-Mert S.

Wir sind vorsichtig und glauben, alles im Leben gesehen
zu haben. Wir sind selbstsicher, dass uns dieser Fehler
nicht nochmal passieren wird. Doch dies sind nur unsere
Gedanken, denn unser Herz können wir nicht
kontrollieren, sobald es sich schon verliebt hat.

Es wird immer ein Mensch auftauchen und dein Herz
zum Leben erwecken. Alle geschlossenen Türen werden
sich in nur einem Augenblick öffnen, denn das ist die
Liebe. Jedoch wissen wir nicht, was dieser Mensch mit
unserem Herzen macht.
Wird er es mit seiner Liebe erwärmen oder doch nur in
Stücke zerreißen?

Die schöne Lüge

Deine Augen sehen nur die Schönheit und nicht das
Hässliche.
Dein Herz verspürt nur das Gute und nicht das Böse.

Denn du sehnst dich nach der schönen Lüge und nicht
der Wahrheit.

-Mert S.

Die Wahrheit ist oftmals schrecklich und zerstört den
Traum, den man lebte. Aber sie ist die Realität.
Die Realität, dass dieser Mensch dich mit seinen Worten
blendet und somit eine Traumwelt für dich erschafft.
Während er dir damit eigentlich schadet und dich Stück
für Stück zerstört, lebst du weiterhin in dieser schönen
Lüge.
All dies wird so lange anhalten bis dieser Mensch, den
Traum auflöst und dich in die Realität zurückholt.
Gebrochen liegt dein Herz vor sich hin, da es weiterhin
träumen wollte, doch dieser Traum war nur eine schöne
Lüge.

Das Entfachen der Flamme

Ich sitze alleine an einem Feuer.
Um mich herum herrscht komplette Stille und
Dunkelheit.
Vertieft schaue ich der Flamme zu, wie sie lebt.
Meine Augen sehen nur zu, wie sie immer schwächer
wird.
Sie wird so schwach, dass ich erneut Holz hineinlegen
muss, damit es entfacht.

Ohne die Liebe treibt mein Herz vor sich hin, bis es
letztendlich stehen bleibt...

-Mert S.

Unsere Herzen benötigen Liebe. Diese Liebe erlangst du
bei Menschen sei es deine Eltern, Freunde oder du
selbst. Selbstliebe ist sehr wichtig. Liebst du dich nicht
selbst, wirst du auch andere nicht lieben können.

Mert Simsek

Ich habe angefangen, auf Musik zu verzichten.
Es fühlte sich alles so leer und kalt an.
Dies zeigte mir, welch ein riesigen Einfluss die Musik auf
mich hatte.
Es war gruselig anzusehen, wie problemlos ich diese
Sünde durch mein Leben mitzog.

Solltest du auch nicht die Klinge mit Gift aus deinem
Herzen herausziehen?

-Mert S.

Musik ist der schlimmste Feind. Denn sie wird dich dein
Leben lang begleiten. Sei es beim Einkaufen oder auf
Social Media. Sie und du seid ein Teil dieser Gesellschaft
und werdet immer wieder aufeinanderzutreffen. Musik
wird dir Gefühle aufspielen, die dich so sehr
beeinflussen, dass du nicht mehr ohne sie leben kannst.
Verzichtet man auf Musik empfindet man eine Art Lücke
im Leben und genau das ist das Gefährliche an ihr.
Sie ist unbewusst ein Teil von dir.

Die Schönheit des Islams

Die Schönheit des Islams ist vielfältig, doch sie lässt sich mit einem Satz beschreiben.

Lächeln ist Sunnah.

-Mert S.

Wie kann diese Religion Feinde haben?
Eine Religion in der die Frau wie eine Königin behandelt
wird.
Eine Religion, in der man fürs Lächeln belohnt wird. Es
sind Feinde, weil sie verblendet sind. Sie sehen die
Fehler der Menschen und machen den Islam dafür
verantwortlich. In jedem Glauben wird es gute und
schlechte Menschen geben. Es werden immer Fehler
geschehen, aber auch gute Taten vollbracht. Der Islam
ist eine Perfektion für sich und wird niemals ihre
Schönheit verlieren.

Bin ich ein Dayouth?

Nennen wir es das Teilen von Glück? Oder doch ein
Dayouth sein?
Warum muss ich denn mein Glück mit anderen teilen?
Ist unsere Ehe nicht weiterhin von unseren Eltern und
Allah gesegnet?
Also wieso bin ich dann kein Mann, wenn ich nicht mein
Glück teilen will?
Meine Frau ist keine Trophäe, die ich poste, sondern
mein Schatz.
Den Schatz, den niemand sehen darf, außer ich selbst.

-Mert S.

Ist eine Ehe erst vollkommen, wenn andere davon
erfahren?
Wird sie erst von Allah gesegnet, wenn die ganze Dunya
davon Bescheid weiß?
Warum haben so viele Menschen den Drang, ihr Glück
mit anderen zu teilen?
Reicht es nicht aus, wenn wir beide im Namen Allahs
glücklich sind?

Ich habe an dir alles geliebt

Deine Augen.
Deine Art.
Dein Lächeln.

Doch als ich fragte, was du an mir liebst, kam keine
Antwort…

-Mert S.

Diesen Zeitpunkt nennen wir das Ende der Liebe. Wenn dein Partner keine Liebe gegenüber dir verspürt und bereits sogar aufgegeben hat diese erneut zu erlangen, dann ist es vorbei. In einer Beziehung bzw. Ehe wird es oft vorkommen, dass man weniger Liebe verspürt, doch dies ist nicht das Ende. Es ist die Realität. Gibst du schon auf wegen einer Kleinigkeit?

Man sagt

„Zeige mir deine Freunde und ich sage dir wer du bist.“

Doch seit wann bestimmen andere Menschen, wer du
bist?
Bist du kein Individuum mit Verstand?
Kannst du nicht die Rose im Unkraut sein?
Müssen um dich weitere Rosen wachsen, damit du zu
einer Rose erblühst?

-Mert S.

Ein Freundeskreis, der einem nur schadet, ist die eine
Sache, aber dass man sich von diesem beeinflussen
lässt?
Wie kannst du so blind sein und diese Menschen deine
Freunde nennen, die Stück für Stück dein Leben
zerstören?
Selbst wenn, wie kann es sein, dass du keinen eigenen
Willen hast? Ich habe genug Menschen gesehen, die in
ihrem schlechten Umfeld trotzdem ihren Prioritäten treu
blieben und diese sogar über ihre Freunde stellten. Wird
es nicht an der Zeit entweder diesen Kreis zu verlassen
oder sich selbst treu zu bleiben?

Mert Simsek

Schenkt dir Allah Reichtum, ist dies nicht deine
Belohnung.
Es ist deine Prüfung.
Was wirst du mit diesem Geld tun?
Wirst du dir Dinge auf der vergänglichen Welt kaufen?
Wirst du dein Reichtum mit deinen Geschwistern teilen?
Wirst du ein wohlhabendes Leben auf dieser Dunya
führen und auf das Leben danach verzichten?

Was wirst du tun?

-Mert S.

Reichtum in allen Formen ist kein Geschenk, sondern
eine Last, denn das Geld kann dich das Paradies kosten.
Einige Menschen werden sich dadurch Macht erkaufen
und somit über andere stehen. Andere werden denken,
dass sie was Besseres sind. Das Geld wird dazu führen,
dass das Herz mit Arroganz und Hochmut vergiftet wird.
Geschieht dies, hast du dir die Hölle gekauft.
So fange an, mit diesem Geld nur Positives zu verbreiten.
So spende es an die Bedürftigen, erbaue Moscheen oder
Brunnen und nutze das Geld für den Islam. Wirst du dies
tun, wird sich dein Herz vom Materiellen lösen und
einen Schritt weiter Richtung Paradies voranschreiten.

Die Sehnsucht nach Freiheit

Wir sehnen uns nach der Freiheit, doch erlangen sie nicht auf dieser Dunya. Denn dieser Sturm lichtet sich erst, wenn wir sie bis zum Ende durchqueren.

Doch wann sehen wir das Ende?

-Mert S.

Wir reden vom Ende, aber wann wird es enden?
Jeder durchquert seinen eigenen Sturm. Bei einigen wird
der Sturm nur einige Jahre andauern und bei anderen
Jahrzehnte.
Das Entkommen dieses Sturmes ist nur der Tod. Wann
du entkommen wirst, weißt du nicht, deshalb kämpfe
gegen diesen Sturm.
Kämpfe, solange bis du das Ende siehst, denn kämpfst
du nicht wirst du niemals entkommen.

Der Zeuge

Ich muss niemandem etwas beweisen.
Immer und immer wieder werde ich für meine Taten
verurteilt.
Wenn nur diese Leute wüssten, wie oft ich bete.

Nein! Sie müssen es nicht wissen, denn sie sind nicht der
Allmächtige.

Ya Allah! Du bist mein Zeuge auf dieser Dunya.

-Mert S.

Wie bereits erwähnt, kennt Allah unsere Herzen und Absichten am besten. Er kennt uns sogar besser, als wir selbst. Denn er kannte uns schon vor unserer Existenz.
Deshalb musst du auch niemandem etwas beweisen, da diese Menschen nicht über dein Schicksal entscheiden.
Werden sie am jüngsten Tag über deine Taten entscheiden oder doch der Zeuge selbst?
Egal ob gute oder schlechte Taten mache sie nicht öffentlich.
Du machst eine Umrah? Dann behalte es für dich und zeige es nicht auf Social Media.
Deine Absicht kann zwar rein sein, aber es kann schnell dazu führen, dass du die Aufmerksamkeit der Menschen lieben wirst.
Die Komplimente, die du für deinen starken Iman erhalten wirst. Doch diese Komplimente machen deine Taten nicht besser. Die Umrah wird nicht durch diese Komplimente an mehr Wert erlangen.
Schütze dich und deine Taten vor Menschen, denn es existiert immer Auge und Neid.

Ein dunkles Grinsen

Hinter jedem Lächeln verbirgt sich ein dunkles Grinsen.

-Mert S.

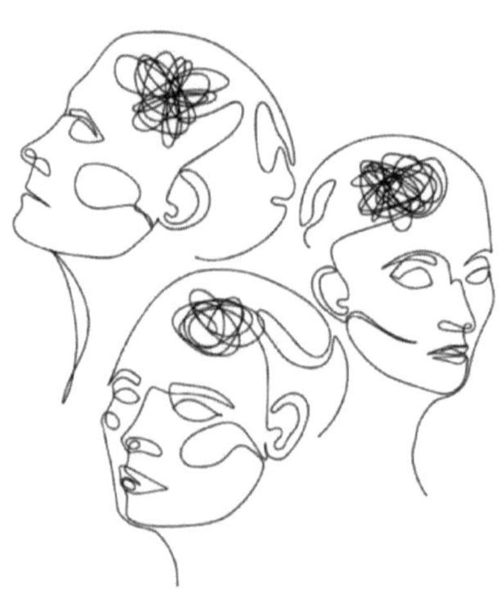

Nur, weil ein Mensch dir ins Gesicht lächelt, heißt es
nicht, dass dieser reine Absichten hat. Wie oft sind wir
Menschen begegnet, die uns nur scheitern sehen
wollten? Sie beneiden und hassen uns. Zwar kommt es
darauf an, aus welchen Gründen diese Menschen uns
das Böse wünschen. Aber ein Mensch, der nur andere
scheitern sehen möchte, ist unzufrieden mit seinem
eigenen Leben. Passe auf wem du deine Geheimnisse
anvertraust, wem du von deinem Liebesleben erzählst
oder mit wem du über Geld sprichst.

Verschlossene Türen

Du wunderst dich, weshalb du an so vielen Türen
vorbeigingst.
Doch diese Türen waren:

Türen, hinter denen du nie wieder das Licht gesehen
hättest.
Türen, die dein Herz in die Dunkelheit verschlungen
hätten.
Die Dunkelheit in der, der Shaytan auf dich gewartet
hat...

-Mert S.

Wir vergessen manchmal, dass Allah absichtlich Türen verschließt. Er schützt uns vor Dingen, die uns enorm schaden würden.

Türen, hinter denen ein Mensch stand, welcher dich der Zina genährt hätte. Hast du jetzt Angst, jemals eine Tür wieder zu öffnen?

Wenn du Angst hast, dann frage dich woher diese Angst kommt. Kommt sie etwa davon, dass du an dir selbst zweifelst? Ist es, weil dein Iman noch zu schwach ist? So stärke deinen Iman und du wirst diese Türen eintreten, welche dich verschlungen hätte.

Das Leben in der eigenen Welt

Diese Person lebt mit Arroganz und Hochmut.
Sie wird niemals dir recht geben, denn sie glaubt dir
überlegen zu sein.
Sie unterschätzt dich als Individuum und Partner.
Diese Person ist ein Narzisst und liebt nur sich selbst.

-Mert S.

Entpuppt sich dein Partner als Narzisst, wird eine schwere Zeit kommen. Du wirst dafür kämpfen, dass eure Beziehung nicht scheitert. Jedoch kannst du nur dich selbst ändern und nicht jemand anderen. Die Frage ist, liebst du diesen Menschen so sehr, dass du deinen eigenen Wert unter seinen stellst?
Verzichtest du auf dein Stolz? Lohnt es sich überhaupt solch eine Beziehung zu führen?
Kann man das noch als Liebe bezeichnen?

Es ging nie um den Mond

Ich erzählte dir, dass ich jede Nacht die Schönheit des
Mondes bewundere.
Als du mich fragtest, was an ihr so besonders sei,
lächelte ich nur und schaute dir weiter in die Augen.

-Mert S.

Ich könnte dir stundenlang in die Augen schauen.
Wir müssen nicht miteinander reden, denn unsere
Augen sprechen 1000 Worte. Blicke ich in deine Augen,
vergesse ich alles um mich herum und spüre eine sanfte
Wärme.
Eine Wärme, nach der mein Herz süchtig ist.
Eine Wärme, die ich nie wieder loslassen will.
Eine Wärme, die nur du in mir auslöst.

Habe ich es geschafft?

Ich schaue ihr gerade in die Augen.
In die Augen, die mich die Glückseligkeit spüren lassen.

Ist das die Liebe, von der du sprachst, mein Herr?
Ist das die Liebe, die du segnest und sich so
wunderschön anfühlt?
Ist das die Liebe vom Nasip?

Es ist wie ein Traum, doch es ist keiner.
Habe ich es geschafft?

-Mert S.

„Habe ich es geschafft?", werden wir uns fragen. Denn
dieser Moment ist unvorstellbar. Der Moment an dem
man realisiert, dass man nur durch die Liebe eines
Menschen, die Hälfte seines Glaubens erfüllt.
Was geht dir in diesem Moment durch den Kopf?
Wenn so etwas sich schon unglaublich anfühlt, wie wird
es dann wohl sein, wenn wir das Paradies betreten?
Was fühlst du gerade?

Verloren in der Dunya

Sie wecken sich einander zum Gebet auf, doch vergessen dabei, dass der Shaytan mit ihnen erwacht...

-Mert S.

Ihr werdet niemals den Segen Allahs haben, wenn ihr glaubt, seine Regeln ignorieren zu können. Jede Sekunde eurer Liebe ist haram und wird euch das Paradies kosten. Eure Liebe ist nicht echt, da ihr euren Geliebten in die Dunkelheit stürzt. Ihr seid verlorene Seelen, die ihren Traum ausleben.
Doch irgendwann werdet ihr erwachen und nie wieder in diesen Traum zurückkehren können.

Der Allwissende

Er weiß,
Wann du sündigst.
Wo du sündigst.
Warum du sündigst.

Und dennoch machst du weiter…

-Mert S.

„Ich hasse mich selbst und meine Taten. Er schenkt uns jeden Atemzug und unser Dank dafür sind unsere Sünden".
Du bist dazu in der Lage, deine Taten zu bereuen und verdrängst sie nicht. Du realisierst, dass unsere Taten nicht das Geschenk Allahs widerspiegeln. Sei weiterhin mit dir selbstkritisch, aber hasse dich nicht selbst, denn dies ist das, was der Shaytan will. Selbst wenn du schon 1000-mal diese Sünde begangen hast.
Zweifle niemals an seiner Barmherzigkeit, denn sonst gewinnt der Shaytan.

Tränen der Erleichterung

Vertieft in meinem Gebet, fließt mir plötzlich eine Träne
das Gesicht hinunter. Die Träne tropft
auf den Gebetsteppich und verschwindet. Sie ist
verschwunden, doch weitere Tränen folgen ihr.

Ich kann nicht aufhören zu weinen, denn ich verspüre
Reue.
Reue, welche mir Erleichterung schenkt.
Reue, welche meine Seele all die Jahre brauchte, aber
nie bekam.

-Mert S.

Ich weine und verspüre Schmerzen und Erleichterung zugleich. Ich hasse mich selbst, aber liebe mich auch in diesem Moment. Ich bin stolz auf mich, dass ich zu Allah zurückkehre und alles bereue.
Diese Tränen, die ich verliere, sind die Tränen, die das Höllenfeuer löschen können.
Was sind schon die Tränen einer Trennung, wenn ich in Allahs Namen weine?

Ein letzter Wunsch

Wieso bereust du gerade dein ganzes Leben?
Wieso erst zu diesem Zeitpunkt?
Wieso wünschst du dir noch mehr Zeit?
Wieso?
Fragst du dich. Während du deine letzten Atemzüge
nimmst.

-Mert S.

Stell dir vor, wie du kurz vorm Sterben bist.
Nein! Nicht, wenn du alt und krank im Bett liegst.
Sondern, wenn du plötzlich einen Autounfall hattest und
noch so jung bist.
Jetzt erweitere deine Vorstellung, wie du vor Allah stehst
und weinst. Du weinst, weil du alles bereust. Du
dachtest, du könntest noch ein bisschen „Spaß" haben,
doch jetzt ist es zu spät.
Du verfielst zum Opfer der Vergänglichkeit und hast sie
somit unterschätzt. Es gibt keine Rückkehr mehr für dich,
egal wie sehr du darum bettelst.
Siehe zu, wie deine Seele verbrennt.

Die Schönheit der Nacht

Im ersten Moment scheint alles stockfinster und dunkel
zu sein.
Doch erblicke ich zum Mond, sehe ich ein
wunderschönes Licht, welches auf diese Welt fällt.
Alles, was von der Dunkelheit verschlungen wurde, lebt
nun in seinem wunderschönen Licht.

Es ist derselbe Mond, den auch unser Prophet (saw)
ansah... Welch ein Gefühl.

-Mert S.

Sollten wir nicht anfangen, uns mehr mit dem Leben des
Propheten (saw) zu beschäftigen?
Wie lebte er?
Hast du dich das nie gefragt?
Wie kannst du in jedem Gebet bezeugen, dass er der
Gesandte Allahs ist, aber kennst nicht sein Leben? Wie
willst du am jüngsten Tag bei ihm nach Zuflucht suchen,
wenn du ihn nicht mal erkennen würdest?
Wie kannst du dich seiner Ummah zuordnen, ohne ihn
zu lieben?

Schmeckst du das Höllenfeuer?

Hüte deine Zunge, denn sie kann dich das Paradies kosten

-Mert S.

Die Zunge ist die gefährlichste Waffe, die wir besitzen.
Sie kann der Grund dafür sein, dass wir einen Menschen
innerlich töten. Wir sollten lernen mit unserer Zunge
bedacht umzugehen.
Wie oft haben wir Dinge gesagt, die wir bereut haben?
Wie oft haben wir leichtsinnig auf unseren Schöpfer
geschworen? Wie oft haben wir gelästert?
Alles Sünden, die wir in Sekunden begehen und nicht
merken. Was für uns als Spaß sein kann, kann für
jemanden Schmerzen sein.
So lasst unsere Zungen hüten, bevor sie das Höllenfeuer
schmeckt.

Auf der Suche nach dir

Ich habe in meinem Leben etliche von Bergen bestiegen.
All dies nur für dich.
Für dich, weil du mein einziger Antrieb auf dieser Dunya
bist.
Für dich, da ich zu dir zurückmöchte.

-Mert S.

Betrachten wir mal diese Dunya als einen Ort, an dem
wir einen Schatz suchen.
Was ist dieser Schatz?
Einige verstehen unter diesem Begriff Reichtum oder
Liebe. Sie verbringen ihr gesamtes Leben damit, diesen
Schatz zu finden.
Einige werden scheitern und aufgeben, doch andere
werden diesen Schatz in den Händen halten. Haben sie
diesen Schatz gefunden, entsteht in ihnen eine
Glückseligkeit. Eine Glückseligkeit, die das Gefühl vom
Gewinnen verspüren lässt.
Doch in Wirklichkeit hat nur der Shaytan gewonnen,
denn er hat es geschafft diese Seelen in die Irre zu
führen. Sie haben einen Schatz gesucht, welcher
nie auf dieser Dunya existiert hat.
Es ist das Zuhause unserer Seele, welches wir suchen,
aber es nicht hier zu finden ist.

Entkommen des Sturmes

Der Sturm lichtet sich.
Habe ich es geschafft?
Was ist dieser Ort voller Licht und Schönheit?
Bin ich endlich diesem Sturm entkommen?

Ya Allah! War es das, was du mir all die Jahre zeigen
wolltest?

-Mert S.

Der Sturm hat sich gelichtet. Wir haben es geschafft.
Aber was ist jetzt dieser Sturm und was verbirgt sich
dahinter?
Die „Reise durch den Sturm" ist, wie bereits vermutet,
die Reise durch die Dunya. Sehe diese Dunya als einen
Sturm und hinter diesem Sturm das Paradies. Doch gehst
du in diesem Sturm verloren, stirbt deine Seele und du
siehst nichts als die Dunkelheit. Denn ab da beginnt der
wahre Sturm.
Der Sturm hat, aber auch eine andere Bedeutung. Es
handelt sich auch um die Reise durch deine Gedanken.
Deine Gedanken sind durcheinander und du verlierst die
Ruhe in deinem Kopf. Ein Sturm voller Gedanken lebt in
dir und du leidest darunter. Du brauchst Klarheit und
Ruhe.
Hast du sie erreicht, nach all den Seiten?